DETAILS

Name

Address

E-mail Address

Phone Number

Fax Number

LOG BOOK DETAILS

Log Start Date

Log Book No.

NOTES

CLIENT NAME:			NO.
Address:			
Phone:		E-mail:	
Occupation:		Birthday:	
Notes:			

DATE/TIME	SERVICE	AMOUNT	NOTES

CLIENT NAME:	**NO.**
Address:	
Phone:	E-mail:
Occupation:	Birthday:
Notes:	

DATE/TIME	**SERVICE**	**AMOUNT**	**NOTES**

CLIENT NAME:	**NO.**
Address:	
Phone:	E-mail:
Occupation:	Birthday:
Notes:	

DATE/TIME	SERVICE	AMOUNT	NOTES

Client name:			**No.**
Address:			
Phone:		E-mail:	
Occupation:		Birthday:	
Notes:			

Date/Time	**Service**	**Amount**	**Notes**

CLIENT NAME:	**NO.**
Address:	
Phone:	E-mail:
Occupation:	Birthday:
Notes:	

DATE/TIME	**SERVICE**	**AMOUNT**	**NOTES**

CLIENT NAME:			**NO.**
Address:			
Phone:		E-mail:	
Occupation:		Birthday:	
Notes:			

DATE/TIME	**SERVICE**	**AMOUNT**	**NOTES**

CLIENT NAME:			NO.
Address:			
Phone:		E-mail:	
Occupation:		Birthday:	
Notes:			

DATE/TIME	SERVICE	AMOUNT	NOTES

CLIENT NAME:	**NO.**
Address:	
Phone:	E-mail:
Occupation:	Birthday:
Notes:	

DATE/TIME	SERVICE	AMOUNT	NOTES

CLIENT NAME:			No.
Address:			
Phone:		E-mail:	
Occupation:		Birthday:	
Notes:			

Date/Time	Service	Amount	Notes

CLIENT NAME:			NO.
Address:			
Phone:		E-mail:	
Occupation:		Birthday:	
Notes:			

DATE/TIME	SERVICE	AMOUNT	NOTES

CLIENT NAME:			**NO.**
Address:			
Phone:		E-mail:	
Occupation:		Birthday:	
Notes:			

DATE/ TIME	**SERVICE**	**AMOUNT**	**NOTES**

CLIENT NAME:	**NO.**
Address:	
Phone:	E-mail:
Occupation:	Birthday:
Notes:	

DATE/TIME	**SERVICE**	**AMOUNT**	**NOTES**

CLIENT NAME:	**NO.**
Address:	
Phone:	E-mail:
Occupation:	Birthday:
Notes:	

DATE/TIME	SERVICE	AMOUNT	NOTES

CLIENT NAME:		**NO.**	
Address:			
Phone:		E-mail:	
Occupation:		Birthday:	
Notes:			

DATE/TIME	**SERVICE**	**AMOUNT**	**NOTES**

CLIENT NAME:			NO.	
Address:				
Phone:		E-mail:		
Occupation:		Birthday:		
Notes:				

DATE/TIME	SERVICE	AMOUNT	NOTES

CLIENT NAME:			No.	
Address:				
Phone:		E-mail:		
Occupation:		Birthday:		
Notes:				

Date/Time	Service	Amount	Notes

CLIENT NAME:		**NO.**	
Address:			
Phone:		E-mail:	
Occupation:		Birthday:	
Notes:			

DATE/TIME	**SERVICE**	**AMOUNT**	**NOTES**

CLIENT NAME:			No.	
Address:				
Phone:		E-mail:		
Occupation:		Birthday:		
Notes:				

DATE/TIME	SERVICE	AMOUNT	NOTES

Client name:			No.	
Address:				
Phone:		E-mail:		
Occupation:		Birthday:		
Notes:				

Date/Time	Service	Amount	Notes

Client name:			**No.**
Address:			
Phone:		E-mail:	
Occupation:		Birthday:	
Notes:			

Date/Time	Service	Amount	Notes

CLIENT NAME:	**NO.**
Address:	
Phone:	E-mail:
Occupation:	Birthday:
Notes:	

DATE/TIME	**SERVICE**	**AMOUNT**	**NOTES**

CLIENT NAME:	**NO.**
Address:	
Phone:	E-mail:
Occupation:	Birthday:
Notes:	

DATE/TIME	**SERVICE**	**AMOUNT**	**NOTES**

CLIENT NAME:			NO.
Address:			
Phone:		E-mail:	
Occupation:		Birthday:	
Notes:			

DATE/ TIME	SERVICE	AMOUNT	NOTES

Client name:			**No.**
Address:			
Phone:		E-mail:	
Occupation:		Birthday:	
Notes:			

Date/Time	**Service**	**Amount**	**Notes**

CLIENT NAME:	**NO.**
Address:	
Phone:	E-mail:
Occupation:	Birthday:
Notes:	

DATE/TIME	**SERVICE**	**AMOUNT**	**NOTES**

CLIENT NAME:	**NO.**
Address:	
Phone:	E-mail:
Occupation:	Birthday:
Notes:	

DATE/TIME	**SERVICE**	**AMOUNT**	**NOTES**

Client name:			**No.**
Address:			
Phone:		E-mail:	
Occupation:		Birthday:	
Notes:			

Date/Time	Service	Amount	Notes

CLIENT NAME:	**NO.**
Address:	
Phone:	E-mail:
Occupation:	Birthday:
Notes:	

DATE/TIME	**SERVICE**	**AMOUNT**	**NOTES**

CLIENT NAME:	**NO.**
Address:	
Phone:	E-mail:
Occupation:	Birthday:
Notes:	

DATE/TIME	**SERVICE**	**AMOUNT**	**NOTES**

CLIENT NAME:			No.	
Address:				
Phone:		E-mail:		
Occupation:		Birthday:		
Notes:				

Date/Time	Service	Amount	Notes

CLIENT NAME:	**NO.**
Address:	
Phone:	E-mail:
Occupation:	Birthday:
Notes:	

DATE/TIME	SERVICE	AMOUNT	NOTES

CLIENT NAME:	**NO.**
Address:	
Phone:	E-mail:
Occupation:	Birthday:
Notes:	

DATE/TIME	SERVICE	AMOUNT	NOTES

Client name:	**No.**
Address:	
Phone:	E-mail:
Occupation:	Birthday:
Notes:	

Date/Time	Service	Amount	Notes

Client name:			**No.**	
Address:				
Phone:		E-mail:		
Occupation:		Birthday:		
Notes:				

Date/Time	Service	Amount	Notes

CLIENT NAME:			No.	
Address:				
Phone:		E-mail:		
Occupation:		Birthday:		
Notes:				

DATE/TIME	SERVICE	AMOUNT	NOTES

Client name:		**No.**	
Address:			
Phone:		E-mail:	
Occupation:		Birthday:	
Notes:			

Date/Time	**Service**	**Amount**	**Notes**

CLIENT NAME:			NO.
Address:			
Phone:		E-mail:	
Occupation:		Birthday:	
Notes:			

Date/Time	Service	Amount	Notes

CLIENT NAME:		**NO.**	
Address:			
Phone:		E-mail:	
Occupation:		Birthday:	
Notes:			

DATE/TIME	SERVICE	AMOUNT	NOTES

CLIENT NAME:	**NO.**
Address:	
Phone: E-mail:	
Occupation: Birthday:	
Notes:	

DATE/TIME	SERVICE	AMOUNT	NOTES

CLIENT NAME:			No.	
Address:				
Phone:		E-mail:		
Occupation:		Birthday:		
Notes:				

Date/Time	Service	Amount	Notes

CLIENT NAME:			NO.	
Address:				
Phone:		E-mail:		
Occupation:		Birthday:		
Notes:				

Date/Time	Service	Amount	Notes

CLIENT NAME:	**NO.**
Address:	
Phone:	E-mail:
Occupation:	Birthday:
Notes:	

DATE/TIME	**SERVICE**	**AMOUNT**	**NOTES**

CLIENT NAME:	**NO.**
Address:	
Phone:	E-mail:
Occupation:	Birthday:
Notes:	

DATE/TIME	SERVICE	AMOUNT	NOTES

Client Name:		**No.**	
Address:			
Phone:		E-mail:	
Occupation:		Birthday:	
Notes:			

Date/Time	Service	Amount	Notes

CLIENT NAME:	**NO.**
Address:	
Phone:	E-mail:
Occupation:	Birthday:
Notes:	

DATE/TIME	SERVICE	AMOUNT	NOTES

CLIENT NAME:	**NO.**
Address:	
Phone:	E-mail:
Occupation:	Birthday:
Notes:	

DATE/ TIME	**SERVICE**	**AMOUNT**	**NOTES**

CLIENT NAME:	**NO.**
Address:	
Phone:	E-mail:
Occupation:	Birthday:
Notes:	

DATE/TIME	SERVICE	AMOUNT	NOTES

Client name:			No.	
Address:				
Phone:		E-mail:		
Occupation:		Birthday:		
Notes:				

Date/Time	Service	Amount	Notes

CLIENT NAME:	**NO.**
Address:	
Phone:	E-mail:
Occupation:	Birthday:
Notes:	

DATE/TIME	**SERVICE**	**AMOUNT**	**NOTES**

CLIENT NAME:	**NO.**
Address:	
Phone:	E-mail:
Occupation:	Birthday:
Notes:	

DATE/TIME	**SERVICE**	**AMOUNT**	**NOTES**

CLIENT NAME:	**NO.**
Address:	
Phone:	E-mail:
Occupation:	Birthday:
Notes:	

DATE/TIME	**SERVICE**	**AMOUNT**	**NOTES**

CLIENT NAME:	**NO.**
Address:	
Phone:	E-mail:
Occupation:	Birthday:
Notes:	

DATE/TIME	SERVICE	AMOUNT	NOTES

CLIENT NAME:	**NO.**
Address:	
Phone:	E-mail:
Occupation:	Birthday:
Notes:	

DATE/TIME	SERVICE	AMOUNT	NOTES

CLIENT NAME:	**NO.**
Address:	
Phone:	E-mail:
Occupation:	Birthday:
Notes:	

DATE/TIME	**SERVICE**	**AMOUNT**	**NOTES**

CLIENT NAME:	**NO.**
Address:	
Phone:	E-mail:
Occupation:	Birthday:
Notes:	

DATE/TIME	SERVICE	AMOUNT	NOTES

CLIENT NAME:	**NO.**
Address:	
Phone:	E-mail:
Occupation:	Birthday:
Notes:	

DATE/TIME	**SERVICE**	**AMOUNT**	**NOTES**

CLIENT NAME:	**NO.**
Address:	
Phone:	E-mail:
Occupation:	Birthday:
Notes:	

DATE/TIME	**SERVICE**	**AMOUNT**	**NOTES**

CLIENT NAME:		**NO.**	
Address:			
Phone:		E-mail:	
Occupation:		Birthday:	
Notes:			

DATE/TIME	SERVICE	AMOUNT	NOTES

Client name:			**No.**	
Address:				
Phone:		E-mail:		
Occupation:		Birthday:		
Notes:				

Date/Time	Service	Amount	Notes

CLIENT NAME:	**NO.**
Address:	
Phone:	E-mail:
Occupation:	Birthday:
Notes:	

DATE/TIME	**SERVICE**	**AMOUNT**	**NOTES**

CLIENT NAME:	**NO.**
Address:	
Phone:	E-mail:
Occupation:	Birthday:
Notes:	

DATE/TIME	**SERVICE**	**AMOUNT**	**NOTES**

CLIENT NAME:	**NO.**
Address:	
Phone:	E-mail:
Occupation:	Birthday:
Notes:	

DATE/TIME	SERVICE	AMOUNT	NOTES

CLIENT NAME:	**NO.**
Address:	
Phone:	E-mail:
Occupation:	Birthday:
Notes:	

DATE/TIME	SERVICE	AMOUNT	NOTES

CLIENT NAME:			**NO.**
Address:			
Phone:		E-mail:	
Occupation:		Birthday:	
Notes:			

DATE/TIME	**SERVICE**	**AMOUNT**	**NOTES**

CLIENT NAME:	**NO.**
Address:	
Phone:	E-mail:
Occupation:	Birthday:
Notes:	

DATE/TIME	SERVICE	AMOUNT	NOTES

CLIENT NAME:	**NO.**
Address:	
Phone:	E-mail:
Occupation:	Birthday:
Notes:	

DATE/TIME	SERVICE	AMOUNT	NOTES

CLIENT NAME:			NO.
Address:			
Phone:		E-mail:	
Occupation:		Birthday:	
Notes:			

DATE/TIME	SERVICE	AMOUNT	NOTES

CLIENT NAME:	**NO.**
Address:	
Phone:	E-mail:
Occupation:	Birthday:
Notes:	

DATE/TIME	**SERVICE**	**AMOUNT**	**NOTES**

CLIENT NAME:	**NO.**
Address:	
Phone:	E-mail:
Occupation:	Birthday:
Notes:	

DATE/TIME	SERVICE	AMOUNT	NOTES

CLIENT NAME:	**NO.**
Address:	
Phone:	E-mail:
Occupation:	Birthday:
Notes:	

DATE/TIME	**SERVICE**	**AMOUNT**	**NOTES**

CLIENT NAME:	**NO.**
Address:	
Phone:	E-mail:
Occupation:	Birthday:
Notes:	

DATE/TIME	SERVICE	AMOUNT	NOTES

Client name:	No.
Address:	
Phone:	E-mail:
Occupation:	Birthday:
Notes:	

Date/Time	Service	Amount	Notes

CLIENT NAME:			NO.	
Address:				
Phone:		E-mail:		
Occupation:		Birthday:		
Notes:				

Date/Time	Service	Amount	Notes

CLIENT NAME:			**NO.**
Address:			
Phone:		E-mail:	
Occupation:		Birthday:	
Notes:			

DATE/TIME	**SERVICE**	**AMOUNT**	**NOTES**

CLIENT NAME:			No.
Address:			
Phone:		E-mail:	
Occupation:		Birthday:	
Notes:			

DATE/TIME	SERVICE	AMOUNT	NOTES

CLIENT NAME:			No.	
Address:				
Phone:		E-mail:		
Occupation:		Birthday:		
Notes:				

Date/Time	Service	Amount	Notes

CLIENT NAME:		**NO.**	
Address:			
Phone:		E-mail:	
Occupation:		Birthday:	
Notes:			

DATE/TIME	**SERVICE**	**AMOUNT**	**NOTES**

CLIENT NAME:	**NO.**
Address:	
Phone:	E-mail:
Occupation:	Birthday:
Notes:	

DATE/TIME	**SERVICE**	**AMOUNT**	**NOTES**

CLIENT NAME:			**NO.**	
Address:				
Phone:		E-mail:		
Occupation:		Birthday:		
Notes:				

DATE/TIME	**SERVICE**	**AMOUNT**	**NOTES**

CLIENT NAME:	**NO.**
Address:	
Phone:	E-mail:
Occupation:	Birthday:
Notes:	

DATE/TIME	**SERVICE**	**AMOUNT**	**NOTES**

CLIENT NAME:	**NO.**
Address:	
Phone:	E-mail:
Occupation:	Birthday:
Notes:	

DATE/TIME	**SERVICE**	**AMOUNT**	**NOTES**

CLIENT NAME:			**NO.**
Address:			
Phone:		E-mail:	
Occupation:		Birthday:	
Notes:			

DATE/TIME	SERVICE	AMOUNT	NOTES

CLIENT NAME:			No.	
Address:				
Phone:		E-mail:		
Occupation:		Birthday:		
Notes:				

Date/Time	Service	Amount	Notes

CLIENT NAME:	**NO.**
Address:	
Phone:	E-mail:
Occupation:	Birthday:
Notes:	

DATE/TIME	**SERVICE**	**AMOUNT**	**NOTES**

CLIENT NAME:		**NO.**	
Address:			
Phone:		E-mail:	
Occupation:		Birthday:	
Notes:			

DATE/TIME	SERVICE	AMOUNT	NOTES

Client name:			**No.**
Address:			
Phone:		E-mail:	
Occupation:		Birthday:	
Notes:			

Date/Time	**Service**	**Amount**	**Notes**

CLIENT NAME:	**No.**
Address:	
Phone:	E-mail:
Occupation:	Birthday:
Notes:	

DATE/TIME	**SERVICE**	**AMOUNT**	**NOTES**

Client name:			**No.**	
Address:				
Phone:		E-mail:		
Occupation:		Birthday:		
Notes:				

Date/Time	**Service**	**Amount**	**Notes**

CLIENT NAME:	**NO.**
Address:	
Phone:	E-mail:
Occupation:	Birthday:
Notes:	

DATE/ TIME	**SERVICE**	**AMOUNT**	**NOTES**

CLIENT NAME:	**NO.**
Address:	
Phone:	E-mail:
Occupation:	Birthday:
Notes:	

DATE/TIME	**SERVICE**	**AMOUNT**	**NOTES**

CLIENT NAME:			**NO.**
Address:			
Phone:		E-mail:	
Occupation:		Birthday:	
Notes:			

DATE/TIME	SERVICE	AMOUNT	NOTES

CLIENT NAME:	**NO.**
Address:	
Phone:	E-mail:
Occupation:	Birthday:
Notes:	

DATE/TIME	SERVICE	AMOUNT	NOTES

CLIENT NAME:	**NO.**
Address:	
Phone:	E-mail:
Occupation:	Birthday:
Notes:	

DATE/TIME	**SERVICE**	**AMOUNT**	**NOTES**

CLIENT NAME:	**NO.**
Address:	
Phone:	E-mail:
Occupation:	Birthday:
Notes:	

DATE/TIME	**SERVICE**	**AMOUNT**	**NOTES**

CLIENT NAME:		**NO.**	
Address:			
Phone:		E-mail:	
Occupation:		Birthday:	
Notes:			

DATE/TIME	**SERVICE**	**AMOUNT**	**NOTES**

CLIENT NAME:	**NO.**
Address:	
Phone: E-mail:	
Occupation: Birthday:	
Notes:	

DATE/TIME	**SERVICE**	**AMOUNT**	**NOTES**

CLIENT NAME:	**NO.**
Address:	
Phone:	E-mail:
Occupation:	Birthday:
Notes:	

DATE/TIME	**SERVICE**	**AMOUNT**	**NOTES**

CLIENT NAME:	**NO.**
Address:	
Phone:	E-mail:
Occupation:	Birthday:
Notes:	

DATE/TIME	**SERVICE**	**AMOUNT**	**NOTES**

CLIENT NAME:	**No.**
Address:	
Phone:	E-mail:
Occupation:	Birthday:
Notes:	

DATE/TIME	SERVICE	AMOUNT	NOTES

CLIENT NAME:	**NO.**
Address:	
Phone:	E-mail:
Occupation:	Birthday:
Notes:	

DATE/TIME	**SERVICE**	**AMOUNT**	**NOTES**

CLIENT NAME:	**NO.**
Address:	
Phone:	E-mail:
Occupation:	Birthday:
Notes:	

DATE/TIME	**SERVICE**	**AMOUNT**	**NOTES**

CLIENT NAME:	**No.**
Address:	
Phone:	E-mail:
Occupation:	Birthday:
Notes:	

DATE/TIME	**SERVICE**	**AMOUNT**	**NOTES**

CLIENT NAME:	**NO.**
Address:	
Phone:	E-mail:
Occupation:	Birthday:
Notes:	

DATE/TIME	SERVICE	AMOUNT	NOTES

CLIENT NAME:	**NO.**
Address:	
Phone:	E-mail:
Occupation:	Birthday:
Notes:	

DATE/TIME	**SERVICE**	**AMOUNT**	**NOTES**

CLIENT NAME:			**NO.**	
Address:				
Phone:		E-mail:		
Occupation:		Birthday:		
Notes:				

DATE/TIME	**SERVICE**	**AMOUNT**	**NOTES**

CLIENT NAME:	**NO.**
Address:	
Phone:	E-mail:
Occupation:	Birthday:
Notes:	

DATE/TIME	**SERVICE**	**AMOUNT**	**NOTES**

CLIENT NAME:	**NO.**
Address:	
Phone:	E-mail:
Occupation:	Birthday:
Notes:	

DATE/TIME	SERVICE	AMOUNT	NOTES

CLIENT NAME:	**NO.**
Address:	
Phone:	E-mail:
Occupation:	Birthday:
Notes:	

DATE/TIME	SERVICE	AMOUNT	NOTES

CLIENT NAME:	**NO.**
Address:	
Phone:	E-mail:
Occupation:	Birthday:
Notes:	

DATE/TIME	**SERVICE**	**AMOUNT**	**NOTES**

CLIENT NAME:			No.	
Address:				
Phone:		E-mail:		
Occupation:		Birthday:		
Notes:				

Date/Time	Service	Amount	Notes

CLIENT NAME:	**NO.**
Address:	
Phone:	E-mail:
Occupation:	Birthday:
Notes:	

DATE/TIME	**SERVICE**	**AMOUNT**	**NOTES**

CLIENT NAME:	**No.**

Address:	

Phone:	E-mail:
Occupation:	Birthday:
Notes:	

Date/Time	**Service**	**Amount**	**Notes**

CLIENT NAME:	**NO.**
Address:	
Phone:	E-mail:
Occupation:	Birthday:
Notes:	

DATE/TIME	**SERVICE**	**AMOUNT**	**NOTES**

CLIENT NAME:	**No.**
Address:	
Phone:	E-mail:
Occupation:	Birthday:
Notes:	

DATE/TIME	SERVICE	AMOUNT	NOTES

CLIENT NAME:	**NO.**
Address:	
Phone:	E-mail:
Occupation:	Birthday:
Notes:	

DATE/TIME	SERVICE	AMOUNT	NOTES

CLIENT NAME:	**NO.**
Address:	
Phone:	E-mail:
Occupation:	Birthday:
Notes:	

DATE/TIME	SERVICE	AMOUNT	NOTES

CLIENT NAME:	**No.**
Address:	
Phone:	E-mail:
Occupation:	Birthday:
Notes:	

Date/Time	Service	Amount	Notes

CLIENT NAME:			NO.	
Address:				
Phone:		E-mail:		
Occupation:		Birthday:		
Notes:				

DATE/TIME	SERVICE	AMOUNT	NOTES

CLIENT NAME:	**NO.**
Address:	
Phone:	E-mail:
Occupation:	Birthday:
Notes:	

DATE/TIME	**SERVICE**	**AMOUNT**	**NOTES**

www.ingramcontent.com/pod-product-compliance
Lightning Source LLC
LaVergne TN
LVHW060200080526
838202LV00052B/4176